Zeichnen wir Gesichter und Malen sie an

Mit vielen Vorlagen zum Nachzeichnen und Ändern

Von leicht bis schwer für Kinder und Erwachsene

Kurt Heppke

Bibliografische Information der Deutschen Nationalbibliothek:
Die Deutsche Nationalbibliothek verzeichnet diese Publikation in der Deutschen Nationalbibliografie; detaillierte bibliografische Daten sind im Internet über http://dnb.dnb.de abrufbar.

Herstellung und Verlag: BoD – Books on Demand, Norderstedt

ISBN: 978-3-7562-0842-5

Dieses Buch gehört

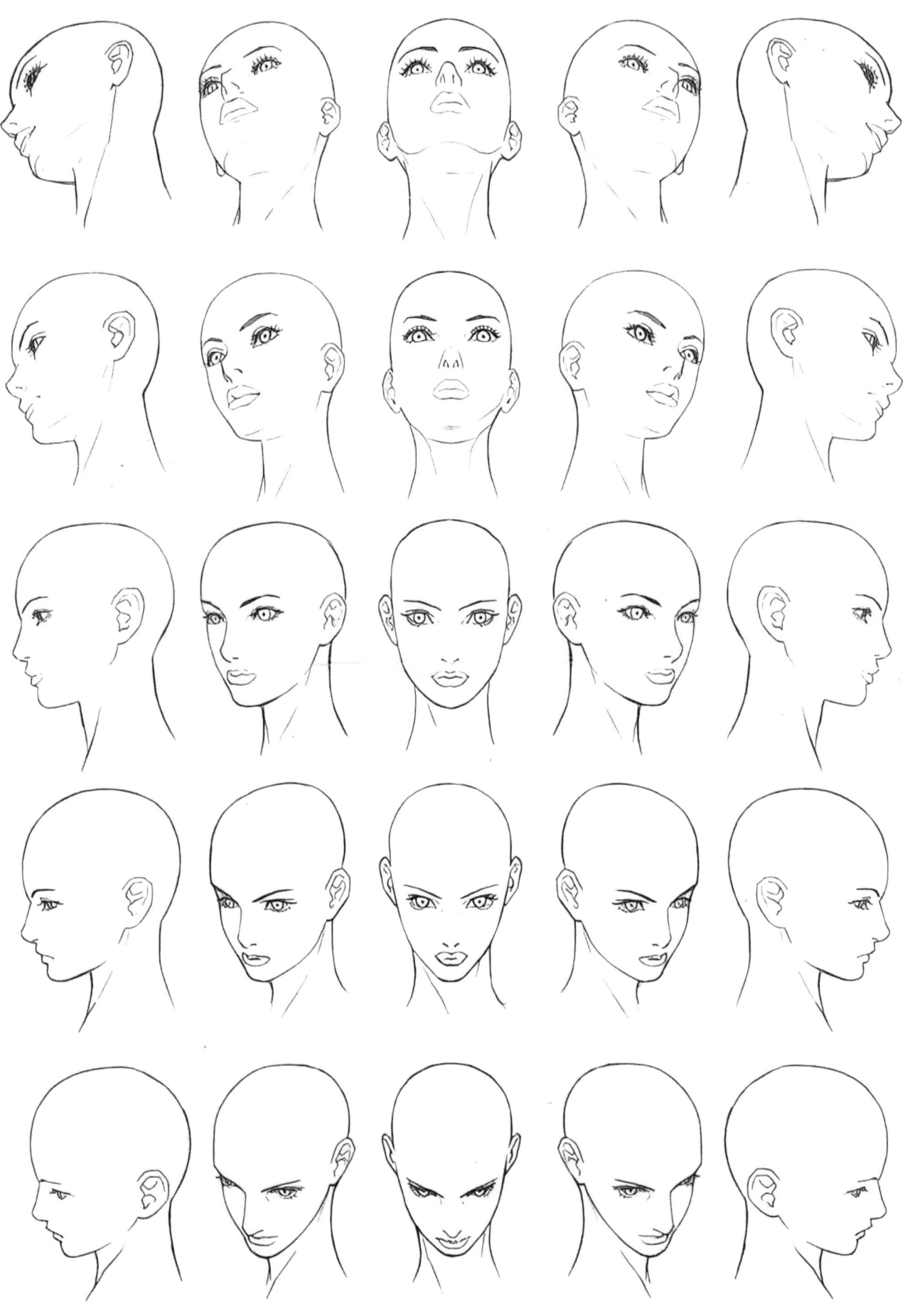

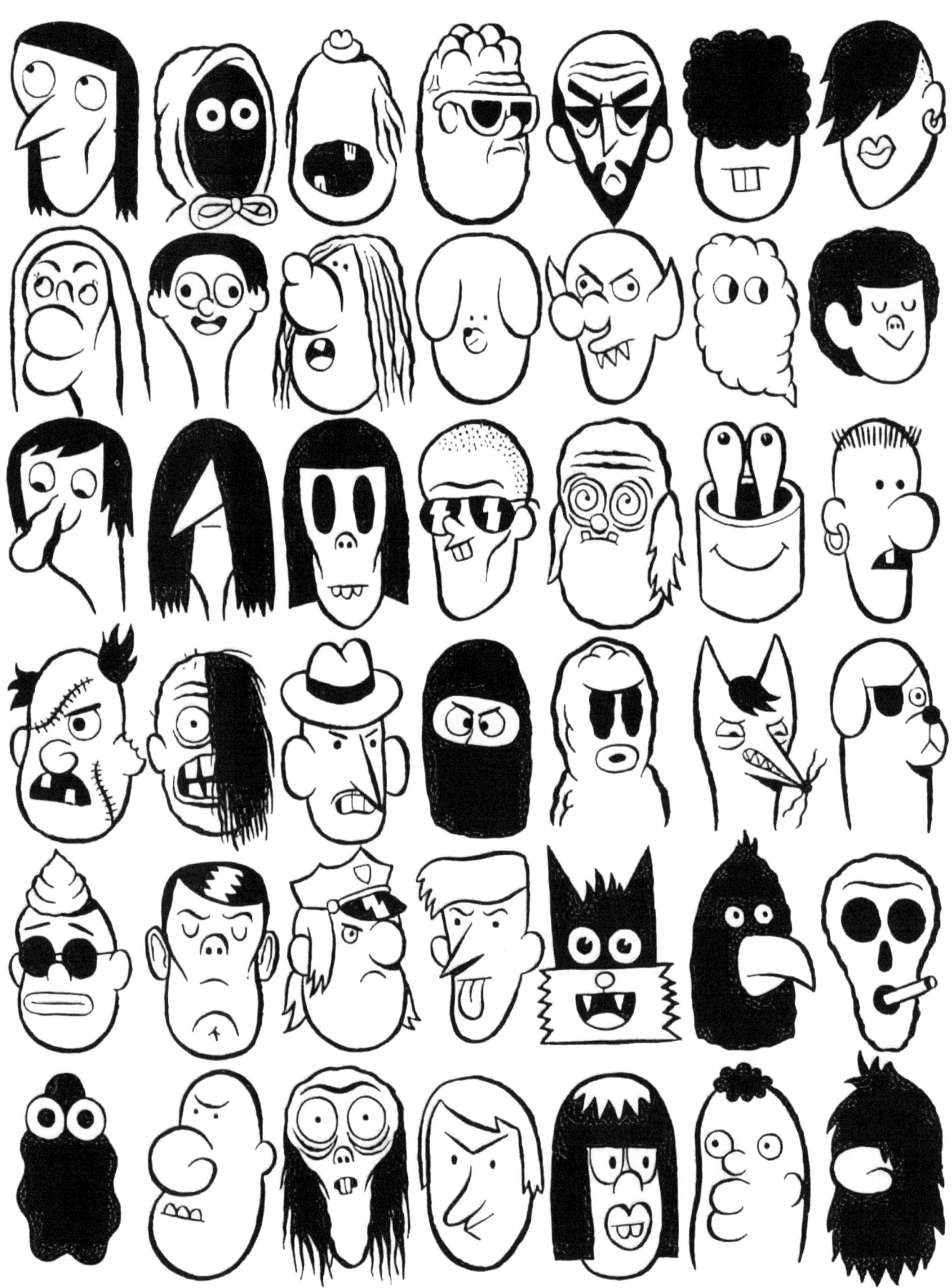

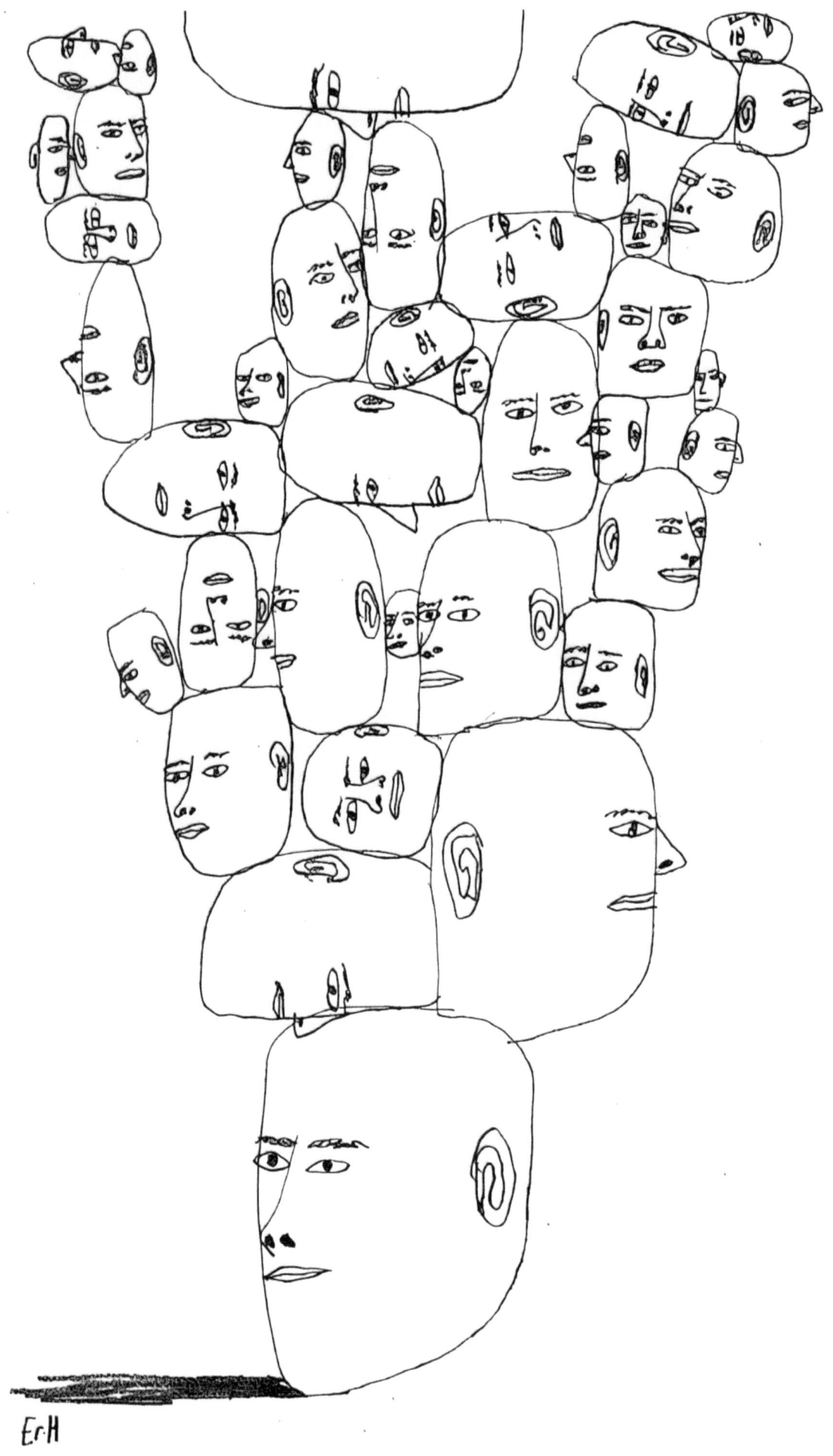

Er·H

GELGUD

Mehr von mir können Sie hier finden:
https://www.kurtheppke.com/